CURAS NATURALES

ARTERITIS, ARTEROSCLEROSIS, VÁRICES, FLEBITIS Y HEMORROIDES

CURAS NATURALES

ARTERITIS, ARTEROSCLEROSIS, VÁRICES, FLEBITIS Y HEMORROIDES

Editorial Época, S.A. de C.V.
Emperadores núm. 185
Col. Portales
C. P. 03300, México, D. F.

1ra. edición, octubre 2009.

© *Curas naturales*
Arteritis, Arterosclerosis,
Várices, Flebitis y Hemorroides
Pamela Anet Cortéz Valle

© Derechos reservados 2009
© Editorial Época, S.A. de C.V.
Emperadores núm. 185, Col. Portales
C.P. 03300, México, D.F.
email: edesa2004@prodigy.net.mx
Tels: 56-04-90-46
      56-04-90-72

Diseño de portada: Adriana Velázquez Cruz.
Formación tipográfica: Ana María Hdez. A.

ISBN: 970-627-802-8
ISBN: 978-970-627-802-9

Impreso en México — *Printed in Mexico*

Introducción

Como una aventura compleja la vida plantea problemas y avatares sobre los que, por lo general, apenas se ha ofrecido información. A nadie de nosotros al nacer se nos brindó un manual para entender el funcionamiento corporal, mucho menos se nos pasó una guía de reglas y compromisos que se debían seguir si no al pie de la letra, por lo menos si de vez en cuando a modo de evitar problemas de salud. La máquina perfecta de la que fuimos dotados al nacer también se avería.

Resulta irónico considerar la enorme cantidad de conocimientos inútiles que se prodigan durante los años de la niñez, la adolescencia y juventud en la educación impartida en escuelas, institutos e incluso universidades, con total omisión de otros tan sencillos como necesarios por ser de aplicación frecuente y de presentación segura. Si duda de lo que le hablamos pregúntese por qué no le advirtieron que si no cuidaba su alimentación se convertiría en una persona con sobrepeso, y peor aún, si continuaba saturando a su cuerpo de comida chatarra podría convertirse en una persona obesa, con múltiples enfermedades y padecimientos. Hay que admitir que muchos de los conocimientos básicos no se aprenden más que a golpes de la vida.

Pues bien, creemos que esta obra salva la omisión educativa con plena eficacia y, por lo mismo, constituye un instrumento extraordinariamente eficaz para resolver los problemas físicos que a muchos aquejan y en torno de los cuales hay varios mitos que lejos de encaminar al paciente a acudir al médico, lo alejan ocasionándose daños mayores. Si bien es cierto que los avances tecnológicos han conseguido mejores medicamentos, la mayoría de ellos lo único que hacen es aminorar la sensación de los síntomas pero sin acabar verdaderamente con el problema. Y no es que sean ineficaces, sino que en vez de extirpar el problema únicamente lo disfrazan con un maquillaje que deja secuelas mucho mayores.

La estructura temática es lógica, didáctica y al alcance de toda persona. Así, la primera parte informa de la función de las arterias y las venas. Seguidamente, se halla un despliegue de padecimientos y enfermedades que surgen en el momento en que las arterias y las venas, las cuales son conductores de los órganos, se obstruyen. Cada una de las enfermedades aquí descritas contiene una guía de sanación natural y consejos que le ayudarán a curarla de forma interna.

En conclusión, creemos que esta es una obra que debe figurar en su biblioteca personal, sin descuidar los anaqueles médicos y de primeros auxilios, pues la información aquí contenida ofrece una visión inédita para aliviar enfermedades y padecimientos milenarios.

FUNCIÓN DE LAS ARTERIAS Y VENAS

El aparato circulatorio tiene varias funciones: sirve para llevar los alimentos y el oxígeno a las células, y para recoger los desechos metabólicos que se han de eliminar después por los riñones, en la orina, y por el aire exhalado en los pulmones, rico en dióxido de carbono (CO_2). De esta labor se encarga la sangre, que está circulando constantemente. Además, el aparato circulatorio tiene otras destacadas funciones: interviene en las defensas del organismo, regula la temperatura corporal, transporta hormonas, etc. Los aparatos principales de este órgano son el corazón, las arterias y las venas que desempeñan la imprescindible función antes descrita. Estas dos últimas son vasos que se comunican con todos los órganos, los cuales disponen de una arteria y una vena relacionadas con los sistemas centrales del aparato circulatorio. Las funciones de los vasos están presididas por el gran órgano principal que es el corazón, verdadero aparato motor que funciona constantemente a manera de una bomba, la cual se contrae para empujar la sangre a través de todo el torrente arterial en forma de latidos perceptibles en el pulso, sin el cual sería imposible la vida.

Del tamaño de un puño, el corazón es un órgano hueco encerrado en la cavidad torácica en el centro del pecho, entre los pulmones, sobre el diafragma, dando nombre a la "entrada" del estómago o cardias. Histológicamente en el corazón se distinguen tres capas de diferentes tejidos que, del interior al exterior, se denominan endocardio, miocardio y pericardio. El endocardio está formado por un tejido epitelial de revestimiento que se continúa con el endotelio del interior de los vasos sanguíneos. El miocardio es la capa más voluminosa, estando constituido por tejido muscular de un tipo especial llamado tejido muscular cardiaco. El pericardio envuelve al corazón completamente.

El corazón está dividido en dos mitades que no se comunican entre sí: una derecha y otra izquierda. La mitad derecha siempre contiene sangre pobre en oxígeno, procedente de las venas cava superior e inferior, mientras que la mitad izquierda del corazón siempre posee sangre rica en oxígeno y que, procedente de las venas pulmonares, será distribuida para oxigenar los tejidos del organismo, a partir de las ramificaciones de la gran arteria aorta. Cada mitad del corazón presenta una cavidad superior, la aurícula, y otra inferior o ventrículo, de paredes musculares muy desarrolladas. Existen, pues, dos aurículas: derecha e izquierda, y dos ventrículos: derecho e izquierdo. Entre la aurícula y el ventrículo de la misma mitad cardiaca, existen unas válvulas llamadas auriculoventriculares (tricúspide y mitral, en la mitad derecha e izquierda respectivamente) que se abren y cierran continuamente, permitiendo o impidiendo el flujo sanguíneo desde el ventrículo a su correspondiente aurícula.

Cada movimiento cardiaco, denominados sístole y diástole, el corazón envía a las arterias y venas la décima parte de un litro, exhalándola y aspirándola, es decir, moviéndola continuamente y en su totalidad, a razón de dos veces por minuto, en cuyo plazo el líquido sanguíneo recorre todo el complicado sistema de grandes y pequeñas arterias y venas, desde la más voluminosa hasta el más íntimo vaso capilar.

Vasos sanguíneos

Las arterias son vasos sanguíneos cuyos tejidos son de una extraordinaria resistencia, lo que explica por el hecho del gran trabajo que tienen que desarrollar a todo lo largo de la vida del individuo, en su misión de conducir la sangre impulsada por el corazón a la red de órganos y sistemas de nuestro cuerpo. Se trata de conductos musculares elásticos que distribuyen y recogen la sangre de todos los rincones del cuerpo. Se denominan arterias a aquellos vasos sanguíneos que llevan la sangre, ya sea rica o pobre en oxígeno, desde el corazón hasta los órganos corporales. Las grandes arterias que salen desde los ventrículos del corazón, van ramificándose y haciéndose más finas hasta convertirse en capilares, vasos tan finos que a través de ellos se realiza el intercambio gaseoso y de sustancias entre la sangre y los tejidos. Una vez que se realiza este intercambio sangre-tejidos a través de la red capilar, los capilares van reuniéndose en vénulas y venas, por donde la sangre regresa a las aurículas del corazón.

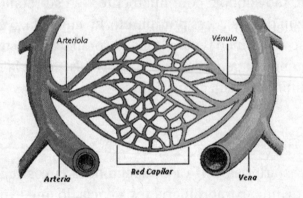

También las arterias desarrollan un trabajo mecánico de dilatación y contracción a causa de los mecanismos o movimientos cardiacos, con los cuales están tan estrechamente relacionados. Sin esta vasoconstricción y vasodilatación, el gran órgano central no podría funcionar regularmente, hecho que ocurre en ciertas perturbaciones, que a la vez originan siempre graves alteraciones funcionales y, por consiguiente, enfermedades de todo el organismo.

Una cualidad muy importante de los vasos arteriales, es la de reflejar el trabajo y movimientos del corazón con sus latidos característicos, lo que equivale al pulso el cual se observa sobre todas las arterias que discurren más superficialmente o menos profundas en las muñecas, sobre los talones, en los pliegues de los codos, en las sienes, a ambos lados del cuello, etc. Por consiguiente, cuando el pulso está alterado, ello evidencia enfermedades de las arterias o perturbaciones en el funcionamiento del corazón. Sin embargo, una alteración causada por un susto, una carrera, una emoción fuerte, un trabajo agitado, puede aumentar el ritmo cardiaco, mismo que vuelve a su estado natural en cuanto cesa el motivo de su alteración.

¿Qué es lo normal en un pulso sano? Tomando como base de investigación a personas sanas y que se encuentren naturalmente tranquilas, la onda sanguínea que es impulsada por el corazón al torrente circulatorio, se reflejará en la arteria con un latido, cuya frecuencia normal por día oscila entre los 60 y los 100 latidos por minuto. Los cambios en el ritmo del corazón provocados por cambios de actividad, dieta, medicación y edad, son normales y comunes. Durante el ejercicio intenso, un corazón puede acelerarse entre 160 y 180 latidos por minuto o más.

La medida del pulso se toma en la muñeca, es decir, en la arteria denominada "radial", con reloj en mano, sin que el individuo tenga los brazos muy plegados al cuerpo, durante 15 segundos, multiplicándose por cuatro la cifra obtenida. Aunque para ello se deben tomar en cuenta los siguientes aspectos:

1. Si la persona está de pie o acostada, pues en esta última posición el pulso es menos frecuente.
2. Si la persona está en ayunas, pues de haberse alimentado de forma abundante tendrá un pulso más frecuente.

Sobre este aspecto es categóricamente contradictorio tomarle el pulso a un enfermo estando dormido, porque la posición horizontal y el reposo muscular completo, determinan una notable disminución de los movimientos cardiacos.

VENAS

Las venas son vasos sanguíneos múltiples, que se contienen en todos los tejidos orgánicos, siendo los más pequeños los denominados "capilares", ya que su diámetro no es mayor que el de un cabello. Se trata de paredes delgadas poco elásticas que recogen la sangre y la devuelven al corazón, desembocan en las aurículas. En la aurícula derecha desembocan:

1. La cava superior formada por las yugulares que vienen de la cabeza, y las subclavias (venas) procedentes de los miembros superiores.

2. La cava inferior a la que van las ilíacas, que vienen de las piernas, las renales de los riñones, y la suprahepática del hígado.
3. La coronaria, que rodea el corazón.

En la aurícula izquierda desembocan las cuatro venas pulmonares, que traen sangre desde los pulmones y que curiosamente es sangre arterial.

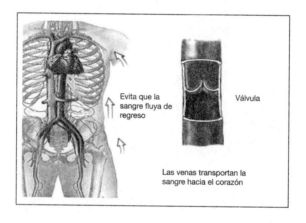

Evita que la
sangre fluya de
regreso

Válvula

Las venas transportan la
sangre hacia el corazón

Cuando estas funciones de transformación no se realizan normalmente, poco a poco se producen acúmulos de ácido, cenizas y materias extrañas que se depositan en la sangre, alterando su composición química, dando lugar a intoxicaciones que envenenan las secreciones orgánicas, constituyendo la causa de las enfermedades que no sólo afectan a las venas y arterias, sino que tan nocivos efectos se amplían a los diversos aparatos y órganos, produciéndose incluso la muerte. En toda dolencia, sea de la índole que fuere, existe indiscutiblemente una alteración de la sangre.

ENFERMEDADES
DE LAS ARTERIAS

Se habrá dado cuenta que la perfecta función de las arterias y venas asegura la circulación de la sangre en el organismo, pero esto sólo puede suceder cuando no se mezclan sustancias extrañas, tóxicas o venenos capaces de alterar su composición o equilibrio químico, puesto que dichos elementos, que lo mismo pueden proceder del mundo exterior como ser originados en el interior del cuerpo, no sólo son la causa de enfermedades generales sino que además determinan profundas alteraciones anatómicas y destrucciones de los tejidos de los vasos sanguíneos, dolencias que a continuación vamos a tratar.

ARTERITIS AGUDA Y CRÓNICA

Por arteritis se entiende toda inflamación de las arterias que puede adoptar formas agudas y crónicas. Las agudas son muchas veces el resultado de traumatismo o golpes recibidos por la arteria, produciéndose también a causa de la propagación de agentes infecciosos que afectan a un órgano inmediato, por lo que se las distingue de las traumáticas con el nombre de "arteritis infecciosas".

La arteritis infecciosa es una penetración de gérmenes al líquido de la articulación (sinovial) y de los tejidos de la misma. La infección suele llegar hasta la articulación a través de la sangre, aunque algunas articulaciones se pueden infectar debido a una inyección, una cirugía o una lesión. La infección puede ser producida por distintos tipos de virus y bacterias como los causantes de la viruela, difteria, erisipela, reumatismo articular agudo, gripe, etc. Pero de igual modo los gérmenes de la sífilis y de la tuberculosis, pueden producir la infección de las arterias y por consecuencia, la arteritis. En cuyos casos se dice que surgió por una complicación de cualquiera de estas enfermedades.

Pero independientemente de estas enfermedades, las arteritis suelen tener su origen en las perturbaciones del aparato circulatorio y en el debilitamiento de las paredes arteriales, que produce el tránsito o la acumulación en estos conductos de ácidos, sustancias extrañas y demás venenos que no acaban de ser eliminados, y que se producen en el organismo a consecuencia de una alimentación baja en sales minerales, como es la que se realiza principalmente a base de carnes y productos animales. A estos productos debemos sumarle otros que en exceso resultan igual de dañinos, los cuales son:

- Café
- Alcohol
- Té
- Azúcares industriales

Todos ellos producen grandes cantidades de ácidos, especialmente el úrico, causa primitiva de las arteritis en los artríticos y reumáticos.

La forma más molesta de la arteritis es la que afecta a los miembros inferiores como complicación del tifus, y que suele presentarse en la convalecencia de dicha enfermedad, localizándose generalmente en las piernas por afectar a la arteria tibial. Se anuncia con un dolor que se vuelve progresivo acentuándose con la marcha (andar), por permanecer en pie algún tiempo, e incluso a consecuencia de la compresión ejercida por un calzado estrecho. El accidente más grave cuando se inflama la arteria puede consistir en la hinchazón de la pierna, la cual si no se atiende de forma inmediata puede generar una gangrena, por la paralización total de las funciones circulatorias en los vasos afectados.

Cuando los miembros de los órganos viscerales son afectados se conoce como arteritis periférica, que puede producir la formación de trombos en sus envolturas que reducen el diámetro o abertura del conducto, dificultando notablemente la circulación. Las obstrucciones viscerales dan lugar a la formación de infartos, siendo las más graves las que afectan al bazo, los riñones y el hígado.

En su curso crónico, las afecciones arteriales suelen depender de las mismas causas que las agudas, especialmente a consecuencia de enfermedades infecciosas como la sífilis y la tuberculosis. Se producen también por intoxicaciones externas, como ocurre con el abuso de alcohol, el tabaco y los envenenamientos originados por el plomo, y en las personas de edad por la gota, la diabetes, el exceso de trabajo muscular, entre otras causas de esta índole. En unos casos, el agente productor lo constituyen las sustancias tóxicas que circulan en el organismo y terminan por causar lesiones en las paredes arteriales, y en otros, el origen está en el espasmo de los vasos periféricos que determinan la contracción de los conductos con elevación de la presión arterial.

La enfermedad en sí se puede manifestar de muchas maneras, recibiendo todas éstas un nombre que corresponde a la parte que afecta. Las expresiones principales son:

- Arteroma
- Arteriosclerosis
- Arteritis sifilítica
- Arteritis tuberculosa
- Degeneración amiloidea

Cada una manifiesta síntomas particulares, y de acuerdo a las arterias afectadas y los órganos más próximos, será su gravedad. Principalmente por la arteriosclerosis, las arterias periféricas aparecen inflamadas, sinuosas, duras al tacto, y a simple vista se puede apreciar el movimiento producido por la circulación de la sangre que imprime a la arteria cierta movilidad parecida a la marcha de un reptil.

De afectar la obturación a los vasos del cerebro, se ocasionan daños tan graves como el reblandecimiento cerebral, por lo que el enfermo experimenta vértigos o mareos. Cuando la inflamación se produce en las extremidades, se tiene la sensación de que están muertas, lo que más comúnmente se conoce como "dormidos", siendo los dedos meñiques los más afectados. Los calambres son muy frecuentes, y durante la caminata ordinaria puede ocurrir que se produzcan de una manera brusca, determinando la impotencia funcional absoluta, por lo que el enfermo cae al suelo.

Como no es posible enumerar con detalle todas las perturbaciones y formas de arteritis crónicas, dada su gran variabilidad, trataremos las expresiones más comunes como son la aortitis, el aneurisma de la aorta y la arteriosclerosis, que son los casos más graves pero a la vez, por su misma frecuencia, los más sencillos de diagnosticar.

AORTITIS

La arteria aorta es una de las más importantes de nuestro organismo, ya que se encuentra estrechamente vinculada con el corazón, por lo que los inconvenientes en ella pueden provocar graves problemas. Es la de mayor tamaño de nuestro cuerpo y se encuentra ubicada en el ventrículo izquierdo, y de ella salen el resto de las arterias. Cumple la importante función de regular el flujo sanguíneo a gran parte del cuerpo, siendo un órgano que ocupa una tarea trascendente. Atraviesa una gran parte del organismo, ya que pasa por el abdomen, el tórax y se ramifica en la zona de la pelvis. Uno de los principales problemas que se puede producir en la arteria aorta es cuando se estrecha, lo que dificulta la circulación de la sangre que a través de ella pasa del corazón a los vasos sanguíneos. Lo anterior es causado por una inflamación que se presenta en dicha arteria, y que lo mismo puede ser aguda o crónica, ocurriendo la última a consecuencia de la primera. Las causas pueden ser las mismas que las que dan lugar a todas las formas de la arteritis. Observe su función en la siguiente gráfica.

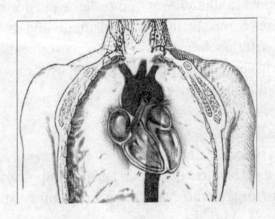

Hay que tener en cuenta que la circulación en esta zona del cuerpo es fundamental para un correcto funcionamiento de los órganos, por lo que si no sucede del modo adecuado, se debe intervenir rápidamente, ya que este vaso es uno de los principales. Lo que se conoce como aneurisma de la arteria aorta es un ensanchamiento que se produce en la arteria, lo que sucede debido al debilitamiento de la pared de la misma. Existen tres tipos de aneurismas:

1. Abdominal
2. Torácica
3. Ascendente

En general, sucede en pacientes mayores de 60 años de edad, siendo la arteriosclerosis y la hipertensión dos factores importantes para que esto acontezca, más allá de que puede ocurrir por otras razones. Estas anomalías se detectan a través de una ecografía abdominal o una TAC (tomografía axial computarizada), lo que muestra en detalle el inconveniente generado.

Pero el ensanchamiento suele ocurrir de manera lenta; en su forma aguda, se puede presentar como una complicación de la infección sifilítica profunda y antigua; es decir, la aortitis sifilítica. Cuando su aparición es brusca, se anuncia por dolores sobre la parte superior del pecho, sensaciones de opresión, dificultad respiratoria, palpitaciones dolorosas del corazón, dolores de cabeza, tos seca, acompañada a veces de esputos sanguinolentos, de vómitos alimenticios, etc. El enfermo se muestra pálido y deprimido, debido a que las arterias carótidas laten violentamente y el pulso es muy irregular.

En la forma crónica, a esas manifestaciones sintomáticas se agregan diferentes trastornos funcionales motivados por la irritación de la membrana interna de la aorta y los nervios próximos. Los dolores son variables, especialmente las palpitaciones dolorosas con irradiaciones hacia el hombro y brazo derecho, dificultad dolorosa para pasar líquidos o alimentos por la laringe, dolores de estómago, y sensación general de opresión en todo el cuerpo.

Los trastornos de la función respiratoria son muy acentuados, lo que se explica por la falta de nutrición sanguínea de los pulmones. Los accesos de tos con gran dificultad para respirar se presentan particularmente durante la noche. Puede no haber tos pero el enfermo se presenta sobresaltado por la sensación de ahogo, lo que constituye una forma de disnea. Esta crisis dura alrededor de un cuarto de hora, al cabo de cuyo tiempo el malestar desaparece paulatinamente.

El paciente con aortitis presenta un cuadro de perturbaciones digestivas con frecuencia de dolor, interrumpidas frecuentemente por vómitos. En unos casos falta el apetito, y en otros está normalmente aumentado. El abuso de sustancias nocivas como el

alcohol, el cigarro, e incluso el exceso de picante provocan accesos de tos con vómito.

Resulta característico de esta enfermedad el hecho de que el paciente experimenta mareos y vértigos
cuando se pone en pie, después de haber permane-
cido acostado o sentado. Estos fenómenos tienen su
origen en la insuficiencia aórtica, o sea la dificultad
de la circulación sanguínea en dicha arteria, y también en virtud de las lesiones producidas en las arterias encefálicas, que entorpecen la irrigación de la
sangre en el cerebro. Muchos enfermos manifiestan
cierta sensibilidad pupilar ante la luz por fuerte que
ésta sea, lo que debe interpretarse como un síntoma
de la aortitis crónica.

¿Cómo curar?

El paciente diagnosticado debe incluir en su dieta
alimentos que son grandes alcalinizantes de la sangre, que disuelven al ácido úrico y sustancias extrañas que entran al organismo, los cuales son:

- Pepino
- Tomate
- Papa
- Jícama
- Camote

Pero además debe evitar endulzar sus alimentos y bebidas con azúcar refinada y comer pan blanco, pudiendo ingerir únicamente el de centeno negro o el de trigo de harina sin cernir. La cebolla blanca es un vegetal que se puede consumir en cantidades que se prefiera, sobre todo cuando se tome con pan, una forma común de degustar en países europeos donde es considerado un verdadero medicamento.

El ajo es otra gran medicina en el tratamiento de arteritis, debido a sus efectos desintoxicantes y alcalinizantes de la sangre que produce su aceite esencial, el ácido alhéico, sustancias que determinan los resultados más felices en lo que se refiere al equilibrio de la presión sanguínea. Puede tomarse como un fruto cualquiera, no excediéndose de comer hasta cuatro dientes crudos, de preferencia fileteado y sin rabo interno (verde), que es el causante del olor fuerte característico del ajo.

ANEURISMA DE LA AORTA

El aneurisma es la distensión permanente de una arteria, provocada por una debilidad de sus paredes, que ocurre generalmente en el encéfalo y la aorta, sin descartar otros grandes vasos. Esta zona distendida de la arteria puede originar una hemorragia y una falta de irrigación a los tejidos que se encuentren más allá de la lesión. En ocasiones, el aneurisma se hincha tanto que ejerce presión sobre órganos, nervios y otros vasos sanguíneos cercanos, dañándolos.

Dicho de otra manera, el aneurisma es la formación de una bolsa a consecuencia de la dilatación de la pared de una arteria, una vena o el corazón. La mayoría de los aneurismas se deben al endurecimiento de las arterias (arteriosclerosis). En el corazón, el aneurisma puede ser resultado de un ataque cardiaco (infarto de miocardio). Ciertos accidentes, como una herida por arma de fuego o un estado de debilidad congénito, también pueden causar aneurisma.

No obstante, puede deberse a defectos congénitos en la capa muscular de la arteria que, al ser sometida a presión sanguínea, da lugar a un globo (aneurisma saculado). Este tipo de aneurismas suele presentarse en las arterias del encéfalo. En otros casos, la capa muscular se va degenerando progresivamente por arteriosclerosis y se agrava por hipertensión arterial. Generalmente los aneurismas formados por esta causa presentan forma de huso y se extienden en un pequeño recorrido de la arteria. La elevada presión arterial puede provocar la separación de las capas de la arteria, haciendo que la sangre circule entre ellas y generando así un aneurisma disecante.

Esta enfermedad es grave debido a que la rotura de un aneurisma es extremamente peligrosa. Una rotura parcial puede producirse en la arteria aorta, que como bien recordará es el vaso sanguíneo más voluminoso que sale del corazón. Los dolores que produce son intensos, los cuales a su vez advierten que la inminencia de la rotura es total. Si el aneurisma roto estaba en el cerebro (aneurisma cerebral), se produce un ataque o una hemorragia cerebral (hemorragia subaracnoidea).

Los síntomas dependen del tipo, tamaño y la ubicación. Los situados en la base del encéfalo son sintomáticos y sólo provocan síntomas cuando revientan, que puede variar según la ubicación desde dolor de cabeza intenso y repentino, problemas en la visión e incluso pérdida de la conciencia. Un aneurisma en la aorta torácica provoca dolor en la zona, ronquera, dificultades para pasar los alimentos y tos. Un aneurisma disecante en la misma zona se manifiesta con un dolor muy fuerte que puede confundirse con un infarto. Si el aneurisma está localizado en la aorta abdominal, puede presentar dolor abdominal y hasta podría llegar a notarse un bulto de naturaleza pulsátil. Si por su ubicación ejerce presión sobre los huesos de la columna, puede provocar fuertes dolores en la espalda. El mayor riesgo de los aneurismas es que originen una hemorragia que colapse el sistema circulatorio, como ocurre en el caso del estallido de un aneurisma aórtico, que suele ser mortal.

Los aneurismas de la aorta abdominal pueden detectarse por ecografías o radiografías y, según la profundidad de su localización, pueden evidenciarse como una masa pulsátil. Con técnicas de diagnóstico por imágenes, se pueden detectar aneurismas en la aorta torácica (en especial mediante un procedimiento llamado aortografía, en el que se inyecta un material de contraste que permite ubicar el contorno del aneurisma).

Una vez ubicado el aneurisma, el procedimiento habitual es la cirugía, y consiste principalmente en pinzarlo en su base teniendo como principal objetivo prevenir la hemorragia. También puede tratarse con medicamento pero sólo en casos que la enfermedad no esté muy avanzada, pues de lo contrario, de la operación depende la vida del paciente.

Con relación al tratamiento, existen cuidados particulares que se proporcionan al paciente sin importar el tipo de aneurisma, pues de lo que se trata es de impedir que la presión arterial se eleve, puesto que su aumento es el mayor peligro determinante de la rotura del aneurisma. Esto se consigue principalmente por el reposo absoluto en cama en una habitación ventilada. Dicho reposo se acompaña de una dieta alimenticia a base de frutas y vegetales, sin pizca de condimentos, evitando beber muchos líquidos. Evitando a toda costa alimentos que en esta enfermedad actúan como venenos, tales como:

- Café
- Té
- Alcohol
- Tabaco
- Picantes

El aneurisma representa un grave peligro constante, todo sacrificio que se realice en cuanto a la alimentación beneficiará el estado general, alejando el riesgo.

¿CÓMO CURAR?

Una vez por semana, el paciente debe permanecer en ayunas bebiendo únicamente una infusión preparada con los siguientes ingredientes:

- 1 cdita. de yerba denominada diente de león
- 1 taza de agua
- ¼ de cdita. de azúcar

Ponga a hervir el agua, y una vez que esté a punto de ebullición, agregue la yerba y deje a fuego lento durante cinco minutos. Retire, deje reposar y endulce con el azúcar. Beba en cuanto la infusión se entibie. Para mayor eficacia en el tratamiento, beba una hora después de la infusión un litro de agua con hielos.

Si existen dolores muy fuertes, aplique sobre la zona afectada compresas de agua fría, o de preferencia envuelva hielo en un paño y colóquelo sobre el área. Cuando el aneurisma alcance tanto volumen que sea apreciable en forma de hinchazón externa, lo que se comprueba por latir como si fuera el pulso, comprima por medio de un vendaje que no esté apretado, a fin de no entorpecer la función circulatoria.

Lo más importante es que el paciente no haga ningún trabajo pesado, ni esté expuesto(a) a impresiones fuertes, que incluyen las relaciones sexuales. El reposo es absoluto y debe tomarse en cuenta que la salud está en juego, por lo que no puede contraindicarse, siguiendo al pie de la letra el tratamiento, además de visitar al médico, quien podrá suministrarle medicamentos que podrán acompañarse con esta curación alterna sin ningún problema.

ARTERIOSCLEROSIS

La arteriosclerosis es una dolencia crónica que consiste en una transformación fibrosa de la pared de las pequeñas arterias o arteriolas, con endurecimiento de sus capas formadas por tejidos musculares, lo que determina la alteración de su forma y la reducción muy notable del calibre o luz normal de dichos vasos, cuyo resultado es la mala circulación sanguínea. La degeneración de las arterias se produce por destrucción ulcerosa, calcificación e incluso osificación, lo que se traduce en pérdida de distensibilidad, disminución de la elasticidad y de la solidez, y por consiguiente de todas las cualidades de estos órganos a que nos hemos referido al estudiar sus funciones.

Dicho de otra manera, la arteriosclerosis es un trastorno en el que las arterias se engrosan y endurecen, perdiendo su flexibilidad y elasticidad habituales. Este fenómeno se produce cuando se depositan grasas en las paredes de los vasos, cuyas causas no se conoce con plena certeza, pero se cree que forma parte del proceso normal de envejecimiento. La arteriosclerosis es más probable o puede ser más grave en los grupos de personas siguientes:

- Fumadores
- Hipertensos
- Obesos
- Sedentarios
- Diabéticos
- Individuos con historia familiar de ataques cardiacos

La arteriosclerosis puede comenzar en la infancia y progresar lentamente conforme la persona crece. En algunas personas, esta enfermedad progresa más rápidamente. Es una enfermedad que se observa con mayor frecuencia en personas mayores de 45 años y es más común en hombres. Después de la menopausia, las mujeres también tienen el mismo riesgo que los hombres. La arteriosclerosis es un problema médico que puede favorecer:

- Enfermedad arterial coronaria
- Infarto cerebral
- Angina abdominal (dolor) e infarto intestinal (coágulo de sangre en los intestinos)

- Arteriosclerosis de las extremidades. La disminución del flujo sanguíneo en las piernas puede llevar a claudicación intermitente.
- Otras enfermedades como aneurismas aórticos.

Pero la gravedad exacta del problema depende de qué arterias son las más afectadas. El estrechamiento de una de las arterias que irrigan el músculo cardiaco, puede producir una angina de pecho o un ataque cardiaco (infarto de miocardio). Si las arterias afectadas son las de las extremidades inferiores, el paciente siente dolor en las pantorrillas al caminar. Si son las arterias del cerebro, pueden producirse una serie de pequeños ataques cerebrales o uno de gran intensidad (ataque cerebral). La reducción del flujo sanguíneo a determinadas zonas del cerebro puede ocasionar la enfermedad de Parkinson.

A veces, cuando la arteria es frágil, puede desprenderse de la capa interna un trozo de sustancia grasa (trombo) y entrar en la circulación sanguínea. Si el trombo es lo bastante grande, existe el peligro de que bloquee la circulación por completo y origine un ataque cerebral. En una de las extremidades, esta obstrucción puede ser extremadamente grave, por lo que es preciso un tratamiento médico urgente para evitar que se produzca la gangrena (muerte de tejido) más allá del punto de bloqueo.

Frecuentemente no hay síntomas hasta que la arteriosclerosis está en etapas avanzadas. Los síntomas dependen del sitio en que se localiza la disminución del flujo y la gravedad de la enfermedad.

- Puede haber calambres musculares, si están alteradas las arterias de las piernas.
- Angina pectoris (angina de pecho) o un ataque cardiaco, si se dañan las arterias del corazón.
- Infarto cerebral o ataques isquémicos transitorios, si se alteran las arterias del cuello y el cerebro.
- Calambres abdominales o dolor, si se alteran las arterias del abdomen.

Cabe mencionar que si una arteria se endurece no puede volver a recuperar su tamaño y flexibilidad normal, debido a que si la arteria de una extremidad ha quedado obstruida, al no lograr un tratamiento para mejorar la circulación, la zona esclerótica (endurecida) debe sustituirse quirúrgicamente con un trozo de arteria nueva natural, o artificial hecha de plástico (injerto arterial). El tratamiento de la arteriosclerosis sólo puede evitar el agravamiento.

Las manifestaciones y complicaciones de esta enfermedad son muy alarmantes y graves, y como es lógico suponer no pueden atacarse con éxito mientras no se atienda a la enfermedad causal, es decir, la alteración anatómica y funcional de las arterias en las que la circulación sanguínea es deficiente o se halla interrumpida en zonas de extensión variable.

¿CÓMO CURAR?

Toda vez que se conocen las causas que determinan las afecciones y perturbaciones funcionales de las arterias, lo más conveniente sería la prevención de la enfermedad. Para ello, bastará el no excederse en el trabajo corporal o intelectual practicados en la juventud, sin la compensación de una alimentación sana y unas prácticas de vida higiénica disfrutando del sol puro y el aire libre, mismos que conducen al cabo de los años a los mismos resultados tan tristes que acortan la existencia y determinan una vejez prematura. Se debe evitar el uso excesivo de las siguientes sustancias:

- Alcohol
- Café
- Tabaco

Los especialistas de la salud física recomiendan no excederse en el trabajo, la siesta, la comida, los ejercicios corporales, manteniendo un equilibrio entre labor y descanso, pues tampoco se trata de llegar a ser una persona sedentaria. Por su parte, los expertos en la salud mental sugieren, para evitar trastornos, alimentarse correctamente sin evadir una comida, trabajar y descansar en una proporción aceptable, y tener vacaciones por lo menos cada seis meses, además de tener un día de descanso laboral en el que se pueden realizar otro tipo de actividades ajenas al trabajo. Para evitar la arteriosclerosis las recomendaciones son las mismas, sólo que habría que añadirle tener una alimentación baja en grasas y alimentos de origen animal, sin llegar a prescindir de ellos. Ésta sería como el tratamiento idóneo para prevenir la enfermedad

Pero si el tratamiento se comienza luego de los 25 años de edad, la alimentación varía, para quedar de la siguiente manera: los alimentos más concurridos tendrán que ser los vegetales frescos y del tiempo, absteniéndose cuanto sea posible de las legumbres secas (frijol, chícharo, garbanzo, lenteja, etc.), las carnes rojas solamente se deben consumir una vez por semana, mientras que el pollo debe figurar dos veces, el pescado los días restantes. Las legumbres pueden consumirse en una cantidad menor y de preferencia cada 15 días, la razón es porque contienen elementos productores del temible ácido úrico, una sustancia que es considerada como veneno para la sangre. Los productos derivados de animales, como la leche, los quesos, los huevos, etc., solamente se permiten en cantidades moderadas. Todo esto con el fin de prevenir la enfermedad.

Sin embargo, una vez que ha sido diagnosticada la enfermedad de arteriosclerosis, se recomienda llevar una dieta rica en vegetales, incluyendo productos de origen animal únicamente cada tercer día y en raciones pequeñas. Aquí lo importante es aportar al organismo los materiales alcalinizantes de la sangre, que en todas las arterias está sobrecargada de ácidos muy perjudiciales y de otras sustancias nocivas. Una de las cosas que se debe cuidar en exceso es el pulso arterial, mismo que queda estabilizado con la alimentación vegetariana, aderezada con un poco de aceite de oliva extravirgen.

El paciente de arteriosclerosis diagnosticado debe incluir en su dieta alimentos que son grandes alcalinizantes de la sangre, que disuelven al ácido úrico y sustancias extrañas que entran al organismo, los cuales son:

- Pepino
- Tomate
- Papa
- Jícama
- Camote

Pero además debe evitar endulzar sus alimentos y bebidas con azúcar refinada y comer pan blanco, pudiendo ingerir únicamente el de centeno negro o el de trigo de harina sin cernir. La cebolla blanca es un vegetal que se puede consumir en cantidades que se prefiera, sobre todo cuando se tome con pan, una forma común de degustar en países como España, Portugal, Italia y Marruecos, donde es considerado un verdadero medicamento.

El ajo es otra gran medicina en el tratamiento de arteriosclerosis y las arteritis, debido a sus efectos desintoxicantes y alcalinizantes de la sangre que produce su aceite esencial, el ácido alhéico, sustancias que determinan los resultados más felices en lo que se refiere al equilibrio de la presión sanguínea. Puede tomarse como un fruto cualquiera, no excediéndose de comer hasta cuatro dientes crudos, de preferencia fileteado y sin rabo interno (verde) que es el causante del olor fuerte característico del ajo. Hay quienes prefieren comer el ajo pasándolo por el extractor mezclándolo con jugo de otras frutas frescas como el limón, la lima o la piña, en cuyo caso es recomendable si no se tolera el sabor del ajo. También puede optar por un jugo natural hecho a base de:

- 1 tallo de apio fresco
- 1 rábano rojo, lavado y desinfectado

Pase por el extractor el tallo de apio fresco y el rábano; mezcle los jugos y beba de forma casi inmediata. Este jugo puede tomarse dos veces por semana en ayunas cuando la enfermedad ha sido recién diagnosticada, pero luego de 15 días se debe tomar una vez por semana.

Otro modo de controlar la arteriosclerosis, ayudando al organismo a que las arterias recuperen su elasticidad habitual, son las infusiones que pueden ser suministradas como agua de tiempo, sin prescindir de los medicamentos previamente recetados por un especialista. Todas las recetas que a continuación se describen no pueden ser variadas en cantidad, debido a que pueden producir problemas secundarios.

INFUSIÓN DE TILA

- 1 cdita. de tila natural (evite las de sobrecito)
- 1 taza de agua
- 1 cdita. de miel de abeja

Ponga a hervir el agua y en cuanto esté a punto de ebullición agregue la tila sin pulverizar, de preferencia contenida en una canastilla para té, de modo que no queden residuos a la hora de servirse, o bien puede optar por colar la infusión cuando se vaya a servir. Deje hervir la infusión durante siete minutos. Retire del fuego y permita que repose hasta que entibie. Endulce con la miel de abeja y beba cuando esté la infusión completamente fría.

INFUSIÓN DE MANZANILLA

- 1 cda. de flores de manzanilla
- 1 taza de agua
- 1 cdita. de miel de abeja

Ponga a hervir el agua y en cuanto esté a punto de ebullición agregue las flores de manzanilla contenidas en una canastilla para té, de modo que no queden residuos a la hora de servirse, o bien puede optar por colar la infusión cuando se vaya a servir. Deje hervir la infusión durante cinco minutos. Retire del fuego y permita que repose hasta que entibie. Endulce con la miel de abeja y beba cuando esté completamente fría.

Infusión de diente de león

* 1 taza de agua
* 1 cda. de diente de león
* 1 cdita. de miel de abeja

Ponga a hervir el agua y en cuanto esté a punto de ebullición incorpore el diente de león sin pulverizar, de preferencia dentro de una canastilla para té, de modo que no queden residuos a la hora de servirse, o bien puede optar por colarlo. Deje hervir la infusión durante 10 minutos. Retire del fuego y permita que repose hasta que entibie. Endulce con la miel de abeja y beba cuando esté la infusión completamente fría.

Infusión de ortiga blanca

* 1 cdita. de ortiga blanca
* 1 taza de agua
* 1 cdita. de miel de abeja

Ponga a hervir el agua y en cuanto esté a punto de ebullición agregue la ortiga blanca sin pulverizar, de preferencia dentro de una canastilla para té, de modo que no queden residuos a la hora de servirse, o bien puede optar por colarla cuando se vaya a servir. Deje hervir la infusión durante cinco minutos. Retire del fuego y permita que repose hasta que entibie. Endulce con la miel de abeja y beba cuando esté la infusión completamente fría.

INFUSIÓN DE SAUCO NEGRO

- 1 cdita. de sauco negro
- 1 taza de agua
- 1 cdita. de miel de abeja

Ponga a hervir el agua y en cuanto esté a punto de ebullición agregue el sauco negro sin pulverizar, de preferencia dentro de una canastilla para té, de modo que no queden residuos a la hora de servirse, o bien puede optar por colar la infusión. Deje hervir la infusión durante 10 minutos. Retire del fuego y permita que repose hasta que entibie. Endulce con la miel de abeja y beba cuando esté la infusión completamente fría.

Estas infusiones además de calmar la sed permiten que el ácido úrico se vaya disolviendo de las arterias, permitiendo que la rigidez cese. En caso de que el paciente tenga contraindicada la miel de abeja, puede optar por miel de maíz que es más ligera que el azúcar y casi no va a percibir su sabor. Pero si las yerbas para preparar las infusiones son difíciles de conseguir, se puede optar por remedios más sencillos hechos a base de fruta y agua. Dentro de todas las posibilidades que existen entre frutos, hay dos que particularmente disuelven el ácido úrico de forma rápida y sin provocar daños secundarios, que son:

• Naranja
• Limón

¿Cómo preparar? Para el de naranja se cortan tres naranjas de preferencia de tipo agria y se pasan por el exprimidor. El jugo resultante se disuelve en un vaso con agua hervida, todavía caliente. Se deja entibiar antes de tomarse. Para el de limón es igual, sólo que en cantidad del jugo de cinco limones por un vaso con agua caliente. Se deja reposar y luego se bebe de preferencia en ayunas.

La forma en que se mezclen las curas sugeridas es a preferencia del paciente, pudiendo emplear todas, pues no causan ningún problema secundario, pero con un reposo de por lo menos media hora entre una y otra infusión o remedio que se prefiera. En caso de surgir complicaciones, se recomiendan las compresas de agua fría o hielo expuesto en un paño en el área dañada. Todo lo anterior sin abandonar el medicamento recetado por el especialista, quien es el único que puede determinar si la arteriosclerosis es tratable con medicamento o en caso más grave operable, en cuyo caso los remedios antes mencionados no servirán más que para mantener una salud después de la intervención quirúrgica.

En ningún caso la enfermedad será tan grave si se atiende desde el momento en que se manifiestan los síntomas con cosquilleos constantes, debido a que recordará que generalmente es asintomático, y sólo se presentan las señales cuando el problema ha trascendido.

ENFERMEDADES
DE LAS VENAS

Las flebopatías o enfermedades de las venas son muy frecuentes, pues afectan amplios sectores de la población y aumentan con la edad. Se detectan en menos del 15% de los individuos menores de 25 años, y en más del 50% de la población mayor de 60 años. La más común de estas enfermedades son las varices, cuya aparición es más probable en personas con historia familiar con dicho problema, donde el sector más predominante es el femenino.

VARICES

Las varices son venas superficiales que casi siempre aparecen en las piernas de manera perceptible debido a la dilatación y su curso serpentuoso. Al avanzar la edad, se presentan varices en mujeres más frecuentemente que en los hombres. Si sólo se afectan las venas superficiales, las venas más profundas de las piernas pueden asumir el transporte sanguíneo; si también las venas de unión con las venas más profundas, o las venas más profundas propiamente están afectadas, puede producirse un grave cuadro clínico con formación de úlceras. Y es que las venas anormalmente dilatadas y sinuosas son consecuencia de un aumento de la presión sanguínea en las venas, y de lesión o ausencia de las válvulas.

Una causa desencadenante, cabe considerar es la debilidad congénita del tejido conectivo, trombosis (coágulos de sangre) o una lesión de las válvulas venosas. Debido a la influencia hormonal durante el embarazo (también por la toma de anticonceptivos) o por alteraciones de la coagulación sanguínea, puede producirse la formación de coágulos y provocar inflamaciones que lesionan las válvulas venosas. La falta de movimiento y la bipedestación prolongada, pueden intensificar el problema. Si las venas permanecen largo tiempo dilatadas, las válvulas venosas no pueden cerrar más y la sangre fluye de retorno en las piernas. Se producen primero modificaciones cutáneas, después eccema y úlceras abiertas.

Cabe mencionar que las válvulas pueden dañarse a causa de una trombosis venosa. La falta de válvulas normales se debe a veces a un defecto congénito. El aumento de la presión abdominal puede ser consecuencia de un tumor intraabdominal, como un fibroide uterino, un quiste de ovario, embarazo, como hemos mencionado, u obesidad. Las venas varicosas suelen presentarse con mayor frecuencia en las mujeres.

El síntoma más patente es el aspecto de la vena afectada, el cual presenta un color azulado y aspecto sinuoso. En general, las varices superficiales de las piernas son bastante evidentes. El tratamiento se limita a la eliminación de las consecuencias, como éxtasis sanguíneas y úlceras. Las varices graves pueden extirparse quirúrgicamente o esclerosarse por inyección. Mediante un vendaje compresivo elástico, las venas son de nuevo comprimidas y las válvulas venosas pueden cerrar de nuevo. Dicho tratamiento precisa mucha disciplina, pero puede aliviar a largo plazo los síntomas.

La complicación más frecuente es la flebitis, que ejerce un efecto inflamatorio igual al provocado con el método de inyección antedicho. La vena afectada se vuelve sensible, y finalmente se forma una cicatriz en forma de nódulo subcutáneo. Repasémosla para ver de qué se trata.

FLEBITIS

Por el peso del cuerpo, la actividad que tienen y la presión con la que realizan su función, las venas de las piernas son susceptibles a sufrir dos tipos de bloqueos por coágulos: la flebitis o tromboflebitis, ocasionada por alguna vena superficial que se obstruye e inflama, y la trombosis venosa profunda aguda, cuando algún coágulo tapa una arteria interna o a venas más profundas y grandes.

Se llama flebitis a la formación de un coágulo de sangre en el interior de una vena que impide que la sangre circule libremente. Se puede presentar en cualquiera de las extremidades, pero es más común en las piernas, donde resulta bastante dolorosa, pues provoca inflamación que se extiende a la piel y grasa que rodea a la vena, llegándose a extender a toda la extremidad, generando sensación de calor, dolor quemante y comezón.

Además de molesto, el padecimiento puede resultar peligroso si se padece por largo tiempo, ya que si el coágulo de sangre se presenta en una vena profunda puede bloquear una rama de la arteria pulmonar y dejar sin irrigación a ese órgano, provocando una embolia.

¿Cómo curar?

Veamos primero los remedios para la flebitis, tomando en cuenta que en caso de que el problema afecte a venas profundas, el tratamiento requiere hospitalización, por lo que los siguientes remedios naturales sirven únicamente para tratar casos en los que el diagnóstico refleja flebitis en las venas superficiales, que además están bajo cuidado médico, siendo estos remedios muy útiles para ayudarle a aliviar los dolores y a reducir las posibilidades de una recurrencia.

REMEDIO 1

- 50 g de linaza
- 3 litros de agua

Ponga a hervir la linaza en el agua durante 25 minutos, contados luego que alcanzó el punto de ebullición. Cole y exprima bien las semillas. Bañe las zonas afectadas con el agua resultante, luego coloque las semillas exprimidas dejando reposar durante 20 minutos. Retire y enjuague con agua tibia. Realice la operación diariamente hasta que los dolores desaparezcan, aunque si lo prefiere puede hacerlo hasta que el doctor indique que la flebitis ha sido completamente curada.

REMEDIO 2

- 1 puño de árnica
- 1 litro de agua

Ponga a hervir el agua y cuando esté a punto de ebullición eche el árnica dejando que hierva alrededor de 10 minutos. Retire del fuego y deje reposar hasta que el agua se entibie. Coloque compresas con este líquido en las zonas afectadas, dejando que actúen alrededor de 15 minutos. Retire y cambie la compresa. Repita la operación hasta que termine con toda la infusión. Realice diariamente hasta que los dolores desaparezcan.

Remedio 3

* 1 rebanada de piña

Diariamente en ayunas consuma una rebanada de piña natural. Este fruto contiene bromelain, una enzima natural que inhibe la formación del coágulo. Puede acompañar este remedio con cualquiera de los dos anteriores para resultados más favorables, pero además tome en cuenta lo siguiente.

Consideraciones para la flebitis

1. Consuma alimentos con alto contenido de fibra como: frutas, verduras, granos, frijoles, nueces y semillas.
2. Incluya en sus alimentos porciones de ajo, jengibre, cebolla y pimiento picante. Estas especies tienden a adelgazar la sangre y a prevenir la formación de un coágulo.
3. Procure incluir en su dieta por lo menos dos veces por semana alimentos como: cerezas, arándanos y moras, que contienen químicos llamados proantocianidinas anthocyanidins, que ayudan a mejorar la función de las venas.
4. Evite la píldora anticonceptiva, sobre todo si en su familia existen casos de flebitis o la formación de coágulos sanguíneos.
5. Una vez al día, de preferencia luego del trabajo, eleve las piernas entre 15 y 30 cm más arriba del

corazón, para acrecentar el flujo de sangre en las venas.

6. Use medias elásticas a modo de soporte, ya que son útiles para prevenir la flebitis al aliviar el dolor.

7. Limite la ingesta de grasas saturadas e hidrogenadas que están relacionadas con un mayor riesgo de trombosis y una deficiente circulación de la sangre.

8. Si va a realizar un viaje largo, ya sea en coche o en avión, no debe permanecer mucho tiempo sentado, para evitar que la circulación se vuelva lenta y pueda formarse un coágulo. Se recomienda, en el caso de los viajes en coche, detenerse con frecuencia para caminar. Si está realizando un viaje por avión, se aconseja colocarse medias elásticas antes de abordar el avión; levantarse del asiento y caminar por el pasillo aproximadamente cada 30 minutos después del despegue. Conviene solicitar un asiento junto al pasillo.

9. La flebitis puede ser un síntoma de una enfermedad llamada Buerger, causada por fumar en exceso. Para no afectar más la salud es recomendable abstenerse de fumar.

10. Realice ejercicio de forma constante, por lo menos 10 minutos cada tercer día, procurando además caminar con frecuencia, ya que ayuda a mantener vacías las venas.

PARA LAS VARICES

Tan pronto como se manifiestan los primeros síntomas de dilatación de las venas, deben investigarse las causas y suprimirlas radicalmente. Si existiera estreñimiento, factor abundante en la mujer, se combatirá por medio de una alimentación rica en sustancias vegetales, sobre todo frutas y verduras que deben ingerirse crudas. Si la afección se ha desarrollado con caracteres muy notables, se hace preciso someterse al régimen alimenticio prescrito para las arterias, mediante el cual se logra librar a la sangre de la mayor cantidad de impurezas, cuya dieta consiste básicamente en vegetales y frutas. No obstante, puede emplear cualquiera de los siguientes remedios que son verdaderamente eficaces.

REMEDIO 1

- 4 cdas. de arcilla verde
- 1 taza de agua
- 1 abatelengua (o cucharita desechable)
- 1 jabón neutro
- Agua tibia, la necesaria

Diluya la arcilla en el agua, removiendo constantemente con el abatelengua hasta formar una pasta bastante fluida. Aplique sobre las zonas afectadas, de preferencia por las noches, en forma de compresas dejándola hasta que se seque. Enjuague con el agua tibia lavando la zona con el jabón neutro. Puede aplicar el tratamiento diariamente hasta que las venas vuelvan a su estado natural.

Remedio 2

- 5 cabezas de ajo
- 1 litro de alcohol de caña
- 1 botella o frasco esterilizado
- Algodón plisado

Triture los ajos a modo que sea sencillo quitarles la cáscara. Cuando los tenga listos vacíelos en el frasco y cubra con el alcohol. Deje macerar durante cinco días, luego aplique en las zonas afectadas ayudándose de un poco de algodón. Deje actuar durante 15 minutos, luego si lo prefiere puede repetir la operación. Aplique el remedio hasta cinco veces al día hasta que las venas vuelvan a su estado natural.

Remedio 3

- 2 chiles dulces, cortados en dados (puede ser pimiento morrón)
- 1 lechuga roma, cortada y desinfectada
- Aceite extravirgen

Prepare una ensalada con los chiles y la lechuga, la cual puede aderezar con un poco de aceite de oliva extravirgen. Consuma de preferencia al mediodía durante una semana.

Remedio 4

- 1 caqui (palo santo)
- 5 bolitas de algodón

Triture el caqui en un recipiente, a modo de que obtenga su jugo. Humedezca los algodones con el jugo y coloque sobre las zonas afectadas dejando actuar alrededor de 30 minutos, retire y sin enjuagar permanezca hasta el día siguiente. Es recomendable que el remedio lo aplique por la noche.

Remedio 5

- 2 chorritos de vinagre de manzana
- 5 bolitas de algodón

Ponga el vinagre en el refrigerador aproximadamente cinco minutos antes de que lo vaya a aplicar. Humedezca los algodones con el vinagre, y coloque sobre las partes afectadas frotando de abajo hacia arriba. Deje puesto por tres horas y después lave las piernas con abundante agua tibia. Realice el remedio de preferencia por las mañanas.

Remedio 6

- 1 puñado de árnica
- 1 litro de agua

Ponga a hervir el agua, y en cuanto esté a punto de ebullición, agregue el árnica sin pulverizar, de preferencia contenido en una canastilla para té, de modo que no queden residuos a la hora de servirse. Deje hervir la infusión durante 10 minutos. Retire del fuego y permita que repose hasta que entibie. Lave con esta infusión las zonas afectadas, y finalmente deje que seque el área solamente con el aire. Puede realizar el remedio por las noches. El árnica es un activador de la circulación.

REMEDIO 7

- 1 puñado de manzanilla
- 1 puñado de menta
- 1 puñado de laurel
- 1 pizca de bicarbonato
- 2 litros de agua

Ponga a hervir el agua, y cuando esté a punto de ebullición, agregue las yerbas dejando que hiervan durante cinco minutos. Retire del fuego y mezcle la infusión con el bicarbonato, dando con el resultado de la mezcla un baño de pies. Cualquier cambio de apariencia en la piel, suspenda su uso, debido a que en algunas personas el baño ocasiona urticaria. Este remedio es muy efectivo, pero no todas las personas pueden aguantar los efectos secundarios que provoca.

REMEDIO 8

- 10 gotas de esencia de menta
- 5 gotas de esencia de limón
- 3 gotas de esencia de ciprés

Dese un baño de tina al que le añadirá estas esencias. Este remedio es empleado en la técnica de aromaterapia, por lo que no dude en buscar las esencias en una tienda especializada en estos temas. Se recomienda que el baño se realice cada tercer día, para evitar el enrojecimiento en las zonas afectadas.

CONSIDERACIONES PARA LAS VARICES

1. Use medias especiales para varices, que a diferencia de las comunes, ayudan a evitar que la sangre se vaya hacia las venas más pequeñas y cernadas a la piel. Lo que da un alivio considerable a las piernas.

2. Una vez al día, de preferencia luego del trabajo, eleve las piernas entre 15 y 30 cm más arriba del corazón, para acrecentar el flujo de sangre en las venas. De igual modo se recomienda que al dormir coloque las piernas arriba de una almohada, para facilitar dicha tarea.

3. Si en el trabajo pasa muchas horas sin moverse, póngase de pie cada dos horas y mueva las piernas. Puede hacerlo también cuando permanece en su silla, en cuyo caso basta con estirar las piernas y mover los dedos de los pies.

4. Cuando estime que va a pasar mucho tiempo de pie, procure llevar un libro o una base grande que pueda colocar en el suelo, y que le sirva de apoyo para poner un pie en alto, luego debe cambiar

de pie. Esto se hace con el objetivo de que los pies descansen y la circulación no se corte.

5. Use de preferencia prendas amplias de tejidos naturales que dejen a la piel transpirar. De igual modo procure no cruzar las piernas cuando permanezca en su silla, esto propicia la aparición de varices.

6. Antes de ir a la cama, acuéstese sobre el suelo colocando las piernas arriba de la cama. En esta posición, proporcione a las áreas afectadas ligeros golpecitos desde el tobillo hasta las rodillas.

7. Realice por lo menos cada tercer día 30 minutos de caminata en el parque, esto le ayudará a contraer las venas.

8. Evite el consumo de anticonceptivos orales, que éstos pueden aumentar los problemas de circulación periférica.

9. Las piernas no deben estar expuestas a calores como los de las estufas, calentadores o la exposición excesiva al sol. Evite exponer las piernas al calor excesivo.

10. Mantenga un peso corporal adecuado, ya que si se engorda se recarga las venas de las piernas.

Todo tránsito brusco del frío al calor en las extremidades, representa un método curativo de gran eficacia en las enfermedades de las venas. Para dicho fin puede abrir la llave de la regadera y antes del baño exponer las partes afectadas al chorro de agua fría, luego de unos cinco minutos puede abrir el agua caliente para darse un duchazo normal. Cuando no haya posibilidades, basta con que introduzca los pies en agua bien fría durante ocho minutos y después, a modo que los pies entren en calor, saltar.

Cabe destacar que una de las complicaciones más graves de las varices, como se había mencionado, es la trombosis, que también puede afectar a las arterias, y que consiste en la formación de coágulos y grumos de sustancias extrañas que obturan los vasos imposibilitando la circulación de la sangre. Esto da lugar a la embolia, de ahí la necesidad de atenderse de forma inmediata apenas sienta constante cosquilleo en las extremidades.

ULCERACIONES VARICOSAS

Las úlceras varicosas son una de las grandes complicaciones de las varices cuando no son tratadas debidamente y a su tiempo. Ciertas úlceras o llagas que se manifiestan en la parte inferior de las piernas y que afectan más comúnmente a la izquierda que a la derecha, reciben la ulterior denominación de "varicosas", por ser el resultado de alteraciones de las venas, causadas con mucha frecuencia por los mismos agentes patógenos que producen las varices. De hecho, esta es la razón por la que se consideran una complicación de las varices.

Se producen por una hipertensión distal de una vena varicosa, debido a que hay una ralentización de la sangre venosa en su retorno por pérdida de carga, y se produce un cierre de las anastomosis arteriovenosas entre vénulas y arteriolas. Esto produce una falta de nutrición y oxigenación de la zona, provocando necrosis o muerte del tejido. Lo que se explica debido a que las impurezas de la sangre se acumulan en los coágulos o porciones de sangre, que permanecen estancadas en los vasos, verdaderos focos infecciosos que en su proceso corrosivo terminan por abrirse paso al exterior, movilizados por las defensas del organismo que tienden a expulsar todo aquello que le es perjudicial. Cuando aparecen grandes úlceras profundas que producen supuración, un mal olor se percibe en el paciente, en cuyo caso es signo de una complicación que afecta la calidad de vida de quien las padece.

Estas llagas se inician por una hinchazón más o menos acentuada, que produce en la piel una sensación variable de tirantez, comezón, dolor o los tres fenómenos al mismo tiempo, tomando la zona afectada un tinte violáceo, coincidente con la extremada fragilidad de los tejidos que acaban de abrirse, comenzando por una pequeña grieta que no tarda en convertirse en úlcera. Dichas llagas pueden permanecer abiertas cierto tiempo cerrándose después, pero a las pocas semanas se presentan granos, eccemas y otras alteraciones de la piel, que seguramente terminarán por convertirse en verdaderas llagas, si persisten las causas que las determinan, y el organismo no se libra de las impurezas que envenenan la sangre. En muchos casos, la llaga determina la paralización total del miembro.

Cada vez que el enfermo se rasca o erosiona la zona afectada, la pus que se expande en la piel, forma nuevas úlceras que adquieren iguales proporciones, causando dolores bastante considerables. De modo que los tratamientos que se apliquen en la zona han de ser efectivos, de lo contrario se puede ocasionar un mal mayor, pues se llega a un grado superior de intoxicación.

El tratamiento inteligente y eficaz no se dirige a la supresión de la úlcera, sino que se centra en atacar las causas originales, que no son otras sino la impurificación de la sangre por venenos que atacan a las venas y lesionan sus tejidos. La supuración es la prueba de que las defensas están intentando remediar el problema, y si el tratamiento es local y tendente a cerrar la úlcera, esas materias purulentas profundizarán cada vez más, no tardando mucho tiempo en causar perturbaciones del hígado, de los riñones o del corazón, porque los venenos son arrastrados por el torrente circulatorio.

De modo que el tratamiento, al igual que en las varices, se inicia cambiando los hábitos alimenticios, sólo que a diferencia de la otra afección, no se pondrá ningún remedio casero por más eficaz que éste sea para calmar los dolores ocasionados por las llagas. Es importante que el paciente siga al pie de la letra el procedimiento de curación. Cabe mencionar que en el comienzo del tratamiento, se presenta un fenómeno lógico y natural que consiste en la mayor actividad supuratoria de las llagas, ya que éstas constituyen la puerta de salida de las impurezas orgánicas, pero al cabo de 15 o 20 días, se inicia la cicatrización, aportando además los medios curativos locales, pero sólo hasta entonces. No obstante, el mejor remedio para las llagas que están sanando, son los rayos solares sirviéndose de una lupa, esto lo veremos un poco más adelante. Es importante que durante el tratamiento se eviten los roces de la ropa sobre las llagas, lo que se consigue protegiéndolas con finas telas blancas procedentes de prendas viejas, pero que se encuentren muy limpias. Pero ya no entremos en más detalles y mejor vayamos directamente al tratamiento.

¿CÓMO CURAR?

Lo primero que debe hacer el paciente es tomar un par de prendas viejas y colocarlas sobre las llagas, a modo de evitar que rocen con la ropa, aunque si tiene la oportunidad de descansar la mayor parte del tiempo (que tenga incapacidad), puede dejar expuestas las llagas a la sombra y tenderse en una cama. Por ningún motivo debe dejar que las úlceras se rocen con la ropa o sábanas, lo que puede provocar una expansión de pus que originará más llagas dolorosas.

La alimentación debe ser exactamente la misma que para el caso de las varices, que consiste básicamente en vegetales y frutas. Toda vez que el organismo percibe el cambio de dieta, comienza a purificarse la sangre, expulsando las sustancias nocivas hacia el exterior por medio de las llagas abiertas, de ahí que al inicio del tratamiento se intensifique la supuración de las úlceras. La mayoría de las personas suspende el procedimiento de cura cuando observan esta singular respuesta del organismo, creyendo que no les funciona el remedio y que por el contrario se les está complicando, pero la verdad es que se trata de todo lo opuesto, pues es la señal más fehaciente de que la sanación va por buen camino.

Conforme se avanza en el tratamiento, es decir, medicándose y llevando la dieta indicada, las úlceras irán cediendo en tamaño y supuración, al grado en que comienzan a cerrarse, es entonces cuando debe el paciente darse baños de sol ayudándose de una lupa. El haz solar se proyecta sobre las lesiones cuidando de no producirse quemaduras. Se comienza por el centro acabando por la periferia, es decir, los bordes. Quince o 20 minutos diarios de esta práctica, aseguran la desinfección por destrucción de los gérmenes patógenos, restableciéndose al propio tiempo la calidad de los tejidos ulcerados.

Para entonces, las llagas estarán visiblemente cerradas, mas no en su totalidad curadas, siendo pues, el momento ideal para colocarles un remedio natural. Para ello necesita:

- 1 raíz de fenogreco
- 10 flores de malva o árnica
- 1 taza de agua

En un pozuelo ponga a hervir la raíz previamente lavada de fenogreco y las flores de malva o árnica a fuego lento hasta 15 minutos. Retire, deje que enfríe la infusión y moje con ella la ropa vieja con la que se cubren las llagas, colocándola inmediatamente después sobre las zonas afectadas. Repita la operación después de una hora, hasta que termine con toda la preparación. Aquí es importante cuidar que a las heridas no les entre polvo, debido a que las suciedades y demás sustancias extrañas, contenidas en el ambiente, pueden ocasionar infecciones mayores.

Por ningún motivo el paciente puede realizar ejercicios violentos durante el periodo de tratamiento, siendo preferible el reposo colocando la pierna más alta que el nivel del cuerpo, con el objetivo de facilitar la circulación sanguínea. Si lo que necesita es que sus músculos se fortalezcan, puede aplicarles a las piernas baños de vapor, que evidentemente no tienen los mismos efectos que el ejercicio, pero en estos casos son muy recomendables cuando las heridas están prácticamente curadas.

HEMORROIDES

La enfermedad llamada hemorroides, se puede definir como un grupo de venas que forman parte del conducto anal y que existen en todas las personas, cuando estas venas se dilatan, empiezan a dar molestias, y el resultado son las hemorroides. Este padecimiento se da principalmente en adultos entre los 25 y 60 años de edad, y afecta tanto a hombres como mujeres. En sí, las hemorroides son varices o inflamaciones de las venas en el recto, también se les conoce con el nombre de almorranas. Son especialmente dolorosas, porque son formaciones de pequeños tumores o nódulos hemorroidales muy aglomerados, cuyos tejidos blandos y delicados salen por el orificio anal, por lo que entonces las almorranas adquieren un estado crónico.

Así pues, anatómicamente son plexos, cojinetes o almohadillas de tejido submucoso, donde están contenidas las vénulas y arteriolas superficiales del conducto anal. Normalmente son tres cojines, localizados en la pared lateral izquierda, pared lateral derecha, y en posición media posterior y funcionan en el mecanismo de continencia de las heces. A menudo, las inflamaciones de las hemorroides son consecuencia del esfuerzo del pujo para evacuar el intestino, aunque pueden ser causadas por otros factores como el embarazo, el envejecimiento, y el estreñimiento crónico o la diarrea.

En los casos agudos, los nódulos son arrastrados al exterior por la masa fecal o a consecuencia de los esfuerzos realizados en la defecación, impidiendo la retractibilidad de los tejidos y su retorno a la posición normal.

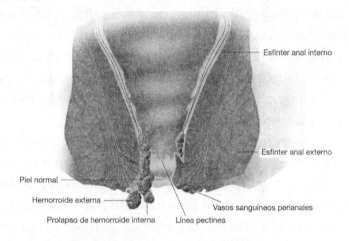

Se dice entonces que las hemorroides son externas, aunque al mismo tiempo pueden existir dentro de la cavidad rectal, o solamente sin manifestaciones exteriores. De todas formas, esta inflamación adopta grados variables, de cuya condición se deriva su importancia o gravedad.

Las causas antes descritas (diarrea, embarazo, etc.) esencialmente tienen su origen como las otras enfermedades de las venas, puesto que las hemorroides no son más que una forma de varices de los vasos hemorroidales, debilitados y defectuosos por la acción de los venenos de la sangre. En muchos casos, esta debilidad es heredada de los padres. Bajo este aspecto, casi todo mundo tiene hemorroides en algún momento. Pero algunas cosas pueden hacer que sea más probable tenerlas. Las personas cuyos padres tuvieron hemorroides, como lo hemos mencionado, pueden tener mayor probabilidad de que les den. A las mujeres embarazadas con frecuencia les dan hemorroides por el esfuerzo de cargar un bebé y de dar a luz. Estar demasiado pasado de peso, o parado o levantado demasiado tiempo, también puede hacer que las hemorroides empeoren.

Los factores primitivamente causales de estas alteraciones desempeñan a veces una simple predisposición para las almorranas, debiendo sostenerse a pesar de todo, que la perturbación más destacada es el estreñimiento en sus diversos grados. Las hemorroides son una enfermedad grave que requieren de un tratamiento de urgencia. Las de primer grado permanecen en el interior del recto, pudiendo sangrar de vez en cuando. Las de segundo grado también sangran, y pueden sobresalir del recto como ya lo hemos visto, percibiéndose como una hinchazón blanda durante la defecación, que regresa de modo espontáneo. Las de tercer grado permanecen en el exterior del recto una vez que han hecho protrusión. Este tipo puede acompañarse de malestar y prurito anal.

Las personas que padecen hemorroides deben seguir una dieta rica en residuos, a fin de asegurar la evacuación de heces abundantes y blandas, con lo que se consigue dilatar suavemente el esfínter anal. Los ungüentos, pomadas y supositorios pueden aliviar los síntomas. Pero si las hemorroides persisten, se debe consultar a un médico, quien en casos crónicos determinará si es necesaria la extirpación.

RECOMENDACIONES A TOMARSE EN CUENTA

Se debe mantener una buena higiene anal evitando rascar o frotar las hemorroides, para ayudar a prevenir las infecciones. En el caso de que las almorranas hayan sido ocasionadas por el estreñimiento, se debe corregir la dieta añadiendo fibra natural contenida en los siguientes alimentos:

- Frutas
- Verduras
- Pan integral
- Líquidos abundantes

Es contraindicado consumir alimentos que estén muy condimentados además del consumo de alcohol. Cualquier esfuerzo al defecar puede agravar el problema, de ahí que se pida corregir la dieta a modo de que las heces sean abundantes y blandas. Se recomienda emplear papel higiénico suave o realizar una limpieza anal mediante baño con agua tibia. Cuando el trastorno es crónico, puede colocarse en la zona afectada compresas de hielo para calmar los dolores. El frío hace disminuir la hinchazón. Pero apenas se retiren las compresas de hielo, el paciente debe darse baños calientes en la zona dos o tres veces al día. Esta secuencia frío-calor es una forma de aliviar temporalmente el dolor por hemorroides externas.

Las hemorroides asintomáticas no requieren tratamiento, pero se debe evitar el pujar durante la defecación para disminuir al máximo el sangrado y el prolapso. Los supositorios y los ungüentos rectales son de escaso valor en el tratamiento de hemorroides internas, sólo tienen efectos de anestesia transitoria. Si las hemorroides prolapsadas son reducibles, se deben empujar al interior del recto mediante presión suave, el paciente se debe acostar y reducir la prominencia cada vez que sea necesario. Después de la reducción, la inflamación externa desaparecerá. Cuando las hemorroides han sido reducidas, se pueden mantener en su posición mediante compresas. Si el cuadro es muy agudo, se aplicarán compresas heladas empapadas con agua. Después se prescriben baños de asiento en agua tibia (nunca caliente).

Las hemorroides que aparecen después del parto o en el puerperio, no se deben tratar quirúrgicamente sino hasta que haya pasado tiempo suficiente para determinar si persisten o no. Las hemorroides que sobresalen al exterior, irreducibles, trombosadas, inflamadas o gangrenadas deben tratarse mediante cirugía. La cirugía ofrece una solución más rápida de los síntomas y la convalecencia es corta, aunque muy dolorosa.

El tratamiento con inyecciones esclerosantes, se realiza mediante la inyección de sustancias químicas irritantes (a veces se puede realizar por congelación) en el tejido que rodea las varices hemorroidales internas.

La cicatrización resultante de la reacción inflamatoria, produce la fibrosis de las varices hemorroidales. Las recurrencias son del 50% de los pacientes. Se indica este tratamiento si las hemorroides están en su etapa inicial, no complicadas e internas. Las complicaciones del tratamiento de inyecciones son la infección y prostatitis aguda. El tratamiento quirúrgico se realiza por escisión de toda la mucosa que rodea a las hemorroides, produciendo un resultado excelente a largo plazo. La recurrencia es extremadamente rara, después de una hemorroidectomía practicada en forma adecuada.

¿Cómo curar?

Los siguientes tratamientos son únicamente aplicables en las hemorroides de primero y segundo grados, no siendo aconsejados para las de tercer grado.

Remedio 1

* 1 trozo de aloe vera
* 1 trozo de algodón plisado
* 1 plato hondo

Corte el aloe vera para extraer su pulpa, misma que pondrá en el plato y dejará que repose alrededor de 15 minutos. Humedezca el algodón con la pulpa extraída del aloe, y coloque sobre las zonas afectadas dejando que actúe alrededor de 30 minutos. Este remedio puede ser empleado en las hemorroides expuestas, pues las internas no podrán ser alcanzadas.

Remedio 2

* 1 papa blanca

Corte la papa en rebanadas delgadas y colóquelas sobre la zona afectada, dejando actuar alrededor de 30 minutos. Retire y no enjuague. Si las hemorroides son internas, corte un trozo de papa en forma de supositorio y colóquelo adentro del recto, dejando que actúe por alrededor de 15 minutos. Retire y repita la operación por lo menos una vez más. Este remedio se debe aplicar de forma constante, de preferencia dos o tres veces al día, hasta que la hinchazón disminuya por completo.

Remedio 3

* 1 rebanada de queso fresco (panela o canasto)

Coloque en las zonas afectadas un poco de queso fresco, dejando actuar alrededor de 10 minutos. Retire y enjuague con un poco de agua fría y luego agua caliente, lo más que se pueda y aguante. Este remedio es ideal para aliviar los dolores, muy recurrido entre las abuelitas de los años 50.

REMEDIO 4

- 1 tomate rojo maduro
- 1 gasa esterilizada

Este remedio es para combatir las hemorroides, pero además es ideal para aliviar los dolores causados por el padecimiento. Elabore una cataplasma de tomate y aplique en las zonas afectadas con la ayuda de la gasa. Deje actuar alrededor de 20 minutos, retire y enjuague primero con agua fría y luego con agua caliente. Es importante que ejerza presión con la gasa, a modo de que las hemorroides externas tiendan a subirse. Puede aplicar el tratamiento diariamente de preferencia por las noches, que es cuando el cuerpo va a descansar y mejor le hará el remedio.

REMEDIO 5

- 3 dientes de ajo
- 2 hojas de laurel
- 2 clavos (de condimento)
- ½ litro de agua

Ponga a hervir el agua y cuando esté a punto de ebullición eche los dientes de ajo previamente pelados y machacados, las hojas de laurel y los clavos, dejando que hierva todo alrededor de 15 minutos. Retire del fuego y deje que se entibie. Cuele y aplique compresas con esta agua sobre las zonas afectadas, de preferencia con la ayuda de una gasa para que pueda ejercer presión. Deje actuar alrededor de 30 minutos, retire y sin enjuagar repita la operación. Este remedio puede aplicarse en las noches.

Remedio 6

- 250 ml de aceite de germen de trigo
- 10 g de manzanilla
- 20 g de cera de abeja
- 20 g de lanolina
- 2 rosas (los pétalos)

Mezcle con el aceite de germen de trigo la manzanilla y los pétalos de rosa, calentando suavemente la mezcla durante una hora y filtrándola a continuación. Mientras se funden la cera de abeja y la lanolina, se debe mezclar con el aceite obtenido tras la hora de cocción. El ungüento se vierte en un tarro esterilizado, donde se deja solidificar antes de usarse. Aplique sobre las zonas afectadas dejando actuar el tiempo que sea necesario, incluso al secarse puede volver a aplicar el ungüento.

Remedio 7

* 5 brotes de zarzamora

Coloque en una tina con agua caliente los brotes de zarzamora y tome asiento sobre los mismos, ya que ayudan a desinflamar o evitar el sangrado.

Remedio 8

* 2 trozos de roble

Coloque en una tina con agua caliente los trozos de roble y tome asiento sobre los mismos, ya que ayudan a desinflamar deteniendo las pequeñas hemorragias y favorece la cicatrización.

Remedio 9

* 2 zanahorias
* ½ nabo

Pase por un extractor las zanahorias y el nabo. Beba el jugo resultante de preferencia en ayunas. Se recomienda preparar el jugo fresco diariamente.

Remedio 10

* 1 tarro de lanolina

Coloque un poco de lanolina sobre las zonas afectadas, tratando de que se introduzca hasta un centímetro en el recto. Puede aplicar cada vez que sienta ardor.

Remedio 11

• 1 tarro de ungüento que contenga hamamelis

Aplique mediante una bola de algodón un poco del ungüento que contiene hamamelis en las hemorroides externas, especialmente si hay sangrado. Puede aplicar el ungüento diariamente, a menos que note un brote que indique que la situación ha empeorado.

Remedio 12

• 1 membrillo
• 2 tazas de agua

Ponga a hervir el agua y cuando esté a punto de ebullición eche el membrillo previamente lavado y cortado en trozos. Deje hervir alrededor de cinco minutos. Retire del fuego y triture el membrillo a modo de obtener una pulpa jugosa. Coloque la pulpa sobre las zonas afectadas previamente lavadas, dejando actuar alrededor de 10 minutos. Retire la pulpa y enjuague con agua fría y luego con agua caliente. Puede aplicar el tratamiento diariamente hasta que las hemorroides desaparezcan.

Remedio 13

• 1 cda. de vaselina
• 1 cda. de miel de abeja
• 2 cucharadas de harina de cebada

- 1 clara de huevo
- 1 tarro de vidrio desinfectado

Caliente a "baño maría" la vaselina hasta que se derrita. Agregue la miel de abeja, la clara de huevo y la harina de cebada. Mezcle todo hasta formar una masa consistente. Guarde en un tarro desinfectado colocándolo en un lugar fresco. Aplique un poco de esta infusión sobre las zonas afectadas, apenas sienta las molestias causadas por las hemorroides.

REMEDIO 14

- 1 litro de aceite de oliva extravirgen
- 1 rama de hipérico en flor
- 1 frasco de vidrio esterilizado

Vierta en el frasco el aceite de oliva y la rama de hipérico en flor. Deje el recipiente en el sol durante tres días o hasta que el aceite tome un color rojo cobrizo. Después aplique directamente esta preparación sobre el área donde sienta molestias. Es ideal para aliviar los síntomas de las hemorroides, pero además muy eficaz para aliviarlas por completo.

REMEDIO 15

- 3 castañas
- 1 taza de agua
- 1 gasa esterilizada

Ponga a hervir el agua y cuando esté a punto de ebullición eche las castañas dejando que hiervan alrededor de 10 minutos. Retire del fuego y deje que se enfríe la infusión. Moje con esta agua la gasa esterilizada y coloque sobre las zonas afectadas dejando actuar alrededor de 10 minutos. Limpie la zona con abundante agua fría y luego con agua caliente. Éste es un remedio proveniente de la aromaterapia, por lo que su efectividad ha sido ampliamente comprobada.

A TOMARSE EN CUENTA

El problema de las hemorroides no es una enfermedad sino la consecuencia de diversas alteraciones orgánicas y dolencias profundas. Los remedios naturales antes descritos sirven únicamente para aliviar los síntomas del padecimiento y aliviar progresivamente la inflamación causada por la dilatación de los vasos sanguíneos de la zona. Sin embargo, para combatir de raíz el problema hace falta un tratamiento completo y efectivo. Cuando es causado por el estreñimiento, lo más recomendable es combatir las causas del mismo, pero para ello habría que saber cuáles son los síntomas:

- Dolor y dificultad para evacuar
- Inflamación abdominal
- Heces secas y duras

- Evacuaciones poco frecuentes (una vez cada cuatro o más días)

Si a estos síntomas le siguen los propios de las hemorroides, es evidente que el paciente padece de almorranas causadas por el estreñimiento, además posiblemente de otras causas, por lo que se recomienda acudir al médico, pero al mismo tiempo cambiar los hábitos alimenticios, a modo de combatir en primer término el problema interno.

Es importante saber que el estreñimiento también puede ser una consecuencia de alguna enfermedad o condición como problemas de tiroides, con hígado, vesícula, menopausia, embarazo y obstrucción en colon. Cuando el estreñimiento se hace crónico, predispone la aparición del reumatismo, la artritis, hipertensión arterial y hasta el cáncer, ya que reparte, a través de la circulación sanguínea, toxinas por todo el organismo.

Los patrones de defecación normales varían y son diferentes para cada persona. Algunos pueden tener deposiciones más de una vez al día, mientras otros pueden tenerlas en un día de por medio. La defecación normal no debe ser dolorosa ni debe presentar dificultad. El estreñimiento se define como las deposiciones poco frecuentes que son duras y difíciles de evacuar. El estreñimiento puede ocurrir de manera crónica u ocasional y puede aparecer como resultado de una dieta muy baja en fibra o en líquidos, por actividades inadecuadas, por un trastorno médico o por medicamentos.

Las verduras, las frutas (en especial las secas) y algunos cereales (trigo entero, el salvado de trigo o la avena) son excelentes fuentes de fibra. Es fácil recordar que cuanto más dura sea la verdura como por ejemplo el apio, más fibra contiene. Sin embargo, los beneficios de la fibra se obtienen con un adecuado consumo de agua que ayude al paso de las heces a través del intestino. No obstante, cuando el estreñimiento ha causado hemorroides, es conveniente que el paciente acuda al médico, para que sea el especialista quien le medique, también para aliviar el estreñimiento que en estos casos se ha vuelto crónico.

Y es que en la mayoría de los casos, la supresión del estreñimiento determina también que la masa fecal sea emitida con una consistencia normal, ya que su dureza es lo que más perjudica a los vasos dilatados. Las almorranas pueden existir en la parte interna del ano, pero nunca producirán la menor molestia si no se irritan al defecar, que es lo que sucede invariablemente con la pereza intestinal.

En estos casos los dolores que se producen durante la defecación y a partir de ese momento, llegan a ser insoportables. Esto induce al hemorróidico a abstenerse de exonerar el intestino, retrasando en lo posible esa función que sabe ha de causar tan profundos padecimientos. Pero esta conducta se contiene en los términos de un círculo vicioso, porque cuando más endurecida esté la masa fecal, más difícil y doloroso resultará el acto de la defecación.

Dicha circunstancia es la que nos obliga a recomendarle a quienes padecen de hemorroides, que primero cambien sus hábitos alimenticios a modo de suprimir el estreñimiento, evitando usar purgantes y laxantes que lo único que logran es agravar la situación. Lo más aconsejable es recurrir a la dieta antes mencionada, evitando alimentos como:

- Carnes rojas
- Pescados
- Conservas
- Alcohol
- Café
- Tabaco
- Dulces industriales
- Pan blanco

También se recomienda que el paciente evite el calor, pero sobre todo sentarse sobre asientos sintéticos que puedan elevar la temperatura de la zona afectada. Al defecar, el área habrá que limpiarse de preferencia con una gasa o papel muy suave, ayudándose de agua para evitar la fricción en seco. Estas prácticas higiénicas son importantes, puesto que por tal procedimiento se suprimen las principales causas de infección, que pueden dar lugar a nuevos procesos inflamatorios, dada la gran sensibilidad de las bolsas hemorroidales.

CONSIDERACIONES PARA LAS HEMORROIDES

1. Siempre que evacue heces fecales, limpie la zona con abundante agua ayudándose de papel muy suave o una gasa, esto evita que la zona se inflame y cause mayores problemas al sentarse.
2. Por ningún motivo se podrá rascar el área afectada por mucha comezón que surja, es preferible aguantarse o en el peor de los casos mojarse el área antes que rascarse, debido a que se pueden dañar las delicadas paredes de las venas del recto.
3. En caso de hemorroides en el embarazo, es aconsejable que la mujer se recueste sobre el costado izquierdo durante unos 20 minutos, para aliviar la presión.
4. Es preferible que se mantenga en buen estado físico evitando a toda costa el sobrepeso, pues éste tiende a agravar los problemas con las hemorroides al igual que las venas varicosas.
5. Llevar a cabo la dieta antes mencionada a base de mucha fibra contenida en cereales, frutas y verduras frescas, evitando los alimentos antes dispuestos.
6. Procurar no consumir especias, sobre todo acompañando carnes rojas, azúcar refinada, quesos fermentados, café y bebidas alcohólicas.

7. Beber por lo menos ocho vasos de agua natural al día, pues lo más recomendable es que sean 10 vasos.

8. Evitar levantar objetos pesados o hacer ejercicios que requieran de mucho esfuerzo físico, ya que tiene el mismo efecto que pujar en el excusado.

9. Consumir menos sal, debido a que ésta tiende a causar retención de líquidos en el sistema circulatorio, haciendo que las venas del recto y otras la absorban.

10. Durante la noche, se deberá dormir con una compresa húmeda colocada entre las piernas, de manera que queden cubiertos los órganos genitales y el recto. Esta compresa es más eficaz si se renueva cada vez que se seque, lo que ocurre al cabo de tres o cuatro horas. Es posible emplear uno de los remedios naturales antes descritos a modo de compresa, así las hemorroides no sólo estarán controladas sino que estarán siendo atacadas constantemente por los poderes curativos de los remedios ya descritos.

Cabe mencionar que la visita al especialista sirve en primer lugar para confirmar el diagnóstico, pero también para valorar el grado de las hemorroides. No existe un tratamiento único para todas las hemorroides ni todos los pacientes con hemorroides deben ser operados. Dependiendo de la severidad del caso y del grado de las hemorroides (de forma clásica se clasifican de grado I a III en función del tamaño y prolapso de las mismas) existen diferentes opciones terapéuticas, todas ellas con buenos resultados si están bien indicadas.

El tratamiento no quirúrgico se basa principalmente en la dieta, como lo hemos visto, abundante en fibra y líquidos. El tratamiento tópico con las diversas cremas y pomadas existentes en el mercado, sirve para disminuir las molestias en los casos de reagudización, reduciendo el edema y la inflamación, pero no curan, y en ningún caso deben aplicarse de forma habitual, ya que su uso continuado puede provocar dermatitis anal y atrofia cutánea. De ahí la necesidad de emplear un remedio natural que en ninguno de los casos provocará efectos secundarios. Las sustancias venotónicas son también puramente sintomáticas pero no curativas. Para las hemorroides de menor grado (I y II) existe una serie de métodos no quirúrgicos que, realizados en diversas sesiones en la misma consulta médica, consiguen con escasas molestias la resolución de las hemorroides. Dichos métodos incluyen: la inyección de sustancias esclerosantes (similar a la que se realiza para las varices de las piernas); la ligadura con bandas elásticas, y la coagulación, ya sea con infrarrojos o con láser (no quirúrgico). Dichos tratamientos pueden ser acompañados de cualquiera de los remedios naturales antes descritos, además de un cambio alimenticio alto en fibra como constantemente lo hemos repetido.

Por otro lado, y en aquellos casos de hemorroides grado III, e incluso IV, que es el grado crónico del considerado tercer nivel del padecimiento, se recomienda la cirugía, debido a que ya no es posible aliviar las almorranas de forma natural. La cirugía de las hemorroides, y en general toda la cirugía anal, soporta el tópico injusto de doloso intenso después de la operación que hoy en día no se ajusta a la realidad. Si bien es cierto que, dada la rica inervación sensitiva de la región anogenital, cualquier proceso inflamatorio a dicho nivel, sea quirúrgico o no, conlleva unas molestias que en otras zonas de la anatomía humana serían menores; en los últimos años debido a los progresos en las técnicas quirúrgicas y métodos utilizados, y la disponibilidad de mejores analgésicos y medicación antiinflamatoria, hace que dicho procedimiento no sea tan traumático como se piensa. ¿A qué nos referimos? A que no hay gran diferencia entre curar hemorroides nivel I y II con remedios naturales y medicamentos prescritos por un especialista, que el intervenirse quirúrgicamente por unas almorranas en fase III, pues los síntomas y los dolores en ambos casos son intensos.

Resulta conveniente señalar que la anestesia que se practica para las intervenciones de hemorroides puede ser anestesia local (con sedación endovenosa asociada) o loco-regional (de cintura para abajo), y la cirugía puede llevarse a cabo de forma ambulatoria, es decir, sin ingreso, o bien de corta estancia (una sola noche en clínica). En cuanto a la técnica quirúrgica en sí, a la cirugía convencional con tijera o bisturí eléctrico, se le han añadido recientemente las opciones de la cirugía con láser (en especial para aquellas hemorroides con predominio del componente externo), y de la mucosectomía con grapadora mecánica, esta última difícil de encontrar en los hospitales.

El láser quirúrgico, sin que se haya demostrado que acorte el tiempo de cicatrización de las heridas, produce una menor y más controlada lesión térmica en los tejidos, que se traduce en una menor inflamación después de la operación que por ende provoca menos dolor, además de que le permite al paciente reincorporarse a sus actividades habituales casi de forma inmediata. La más reciente mucosectomía o anopexia grapada, elimina el prolapso hemorroidal y mucoso mediante la resección circunferencial de una banda de mucosa rectal, quedando la herida a un nivel interno menos doloroso, que se traduce en una recuperación más confortable.

¿A dónde queremos llegar? A que si el paciente requiere de una cirugía, no tema que la recuperación va a ser más dolorosa que los síntomas mismos. Hoy en día, los tratamientos ofrecen un abanico de posibilidades, desde los ambulatorios que se practican en cualquier clínica, hasta los quirúrgicos más avanzados como el láser, que se lleva a cabo en centros médicos especializados. A todos estos tratamientos habría que añadirle las recomendaciones antes descritas, a modo que la recuperación sea rápida y eficaz.

Es importante mencionar que toda enfermedad o padecimiento es curable, y más lo será en la medida que se detecte a tiempo, de ahí la importancia de la prevención. Sin embargo, si ya le diagnosticaron cualquiera de las enfermedades tratadas en este libro, lo primero que deberá hacer es tomar las cosas con calma, y pensar que no se trata más que de una respuesta que el organismo le envía a modo de comunicarle que algo no anda bien en su interior, ya sea causado por malos hábitos u otras presiones que llegan del exterior, en cuyo caso lo más sano será multiplicar el tratamiento enfocándose también a extirpar el problema de raíz, a modo de que no se vuelva a repetir la mala experiencia.

ÍNDICE

Esta obra se terminó de imprimir en los talleres de
Impre Mac S.A. de C.V.
Calle 16 de Septiembre No. 29-A Col. San Francisco Culhuacán
C.P. 04260 México D.F. 5582 1778